갓바위 2

갓바위 2

김병학 시집

신아출판사

머리글

내 고향은 전라북도 최남단 노령산맥 북쪽 기슭에 돌부리를 헤집고 탯줄을 내리어 대대손손 살아온 곳으로 정읍시가지에서 이십 오리쯤 떨어진 산간벽지 깊은 산골입니다.

결혼해서 부모님 모시고 살다가 1972년 봄에 시내로 분가하면서 고향을 떠나온 셈이 되었습니다.

넓은 의미로 보면 고향을 지키기 위해서 고향에 눌러앉았다고 볼 수 있으나 좁은 의미로 보면 고향을 떠나와서 타향살이하였다고도 볼 수 있습니다. 나는 항상 고향을 떠나와서 타향살이하는 생각으로 살아왔기 때문에 늘 고향을 그리워하며 향수병에 걸린 사람처럼 향토작품을 많이 쓰게 된 것 같습니다.

1999년 12월 31에 공무원을 퇴직하고 그동안 하고 싶은 문학의 길을 걷기 시작했습니다. 늦깎이로 2009년 4월에 한맥문학의 신인상을 수상하였으며 그 계기로 정읍문학회와 전북 문인협회, 한국문인협회에 입회하면서 동아리 활동도 하기 시작하였습니다.

2011년 4월 1일에 첫 시집 "언덕에 아지랑이 일고"를 시작으로 매년 1집씩 시집을 출판하였으며 2019년 9월 6일 자로 제9집 "갓바위" 시집을 발간하게 되었습니다.

그동안 향토작가라고 자칭하면서 고향의 빼어난 우수성을 소재로 쓴 작품과 고향과 관련이 있는 작품을 발취하여 제10집 "갓바위 2"집을 출판하게 되었습니다. 방장산과 입암산 자락에 기대여 순수하게 살아가는 후예에게 고향의 우수성을 전하고자 이 저서를 드립니다.

이글을 만나는 이에게 한 분 한 분 감사를 드립니다.

2020년 4월
새싹이 아장아장 기어 나오는 봄에
김병학 드림

|차|례|

제2부 옹알이의 진실

제3부 뒤웅박 소리

제4부 쭉쟁이

제5부 해거름녘

제6부 가슴꽃

제7부 흙구슬

제1부

언덕에 아지랑이 일고

동창생

우리는
입암국민학교 제32회 동창생
코흘리개였던 아그들

운동장 한 켠에 아름드리 팽나무
변함없이 무성하여 시푸르고
시냇물 송사리 떼 여전히 뛰노는데
죽마 타던 꼬맹이들은
다 어디로 갔는가

친구야
노거수 팽나무의 그늘에 모여
남산의 뻐꾸기를 불러 노래 부르게 하고
갓빠산 갓바위봉에 걸쳐있는 구름 불러
잔 채워 마시며
그립던 그 옛날을 꽃피워 보세.

1989. 3. 10.

엄니 2

당신의 손은 약손이었습니다
배 아프고 머리 지근거릴 때 쓰다듬어 주시면
그냥 시원하게 나았습니다
당신은 항상 자식이 먼저였습니다
밥이 적은 듯싶으면 주저하지 않고 당신 밥을
덜어 주시고 설거지하시면서 숭늉으로
허기를 달래셨습니다

꽃상여 타고
만날 다니시던 고샅길을 지나
막시골로 가실 때
하늘도 땅도 눈물을 삼켰답니다

산비탈 외진 곳
가끔 바람만 스쳐 지나가는 자리에
홀로 모셔두고 돌아설 때
발길은 천근만근이었습니다

그동안 세월이 켜켜이 쌓여 가물거리지만

그래도 종종 인자한 모습 사무쳐옵니다
오늘따라
말없이 웃으시는 당신처럼
달이 휘영청 밝아서
그 속에서 당신 모습을 찾아봅니다.

1999. 7. 2.

묵은 정

얼마 만인가
그 곱던 얼굴에
세월이 많이도 앉았구려

어린 시절, 철부지 했던 시절
주둥이에 껌정 잿가루가 묻은 줄도
모르고
짚불에 보리 서리
즐겁기만 했었지

하굣길에
비가 억수로 쏟아지던 날
책을 책보에 돌돌 말아서
옷 속 깊숙이 허리춤에 매고
마구 뛰었지

이제 우리 오랜만에 만났으니

---

* 입암향토회 결성 기념 축시

켜켜이 쌓여 잘 숙성된 회포 서로 풀면서
오순도순 잘 지내보세나.

2000. 9. 3.

향토

어릴 적
코흘리개 꼬마 시절
이웃 이쁜이와
고부라지게 까끔살이 하던 곳

죽마 타고
담장 고샅길을 누비고
짚더미를 돌며
병정놀이도 하던 곳

이쁘이 시집갈 때
남몰래 숨어서 울고
부디 잘 살아다오
속으로 빌던 곳

향토, 사내의 가슴속에
언제나
아름답게 피어 있는 향수.

2000. 12. 5

우리의 터

하늘 높이 우뚝 서서
산야를 굽어보며
입암을 지켜온 천년의 갓빠산

토끼 사슴이 뛰놀던
보금자리를
그 누가 무참하게도
잘라버렸나

산세 수려한 골짜기에
폭음소리 분쇄기 소리 지축을 흔들고
화약 냄새 먹빛 먼지 때문에
환경이 무참하게 무너져 내려
산새는 제 터전을 버리고 떠나가고
메아리도 숲을 잃었네

삿갓바위 사람들아

---

* 고향의 갓빠산이 채석장의 허가로 인하여 산자락이 무참하게 잘려 나간 것을 보고.

노령산맥의 우리 산 우리의 터전
우리가 지키세.

2002. 12. 22.

소쩍새

땅거미도 지고
달빛 휘영청 밝은 밤

마을 모정 뜨락
500년 느티나무 위에 홀로 앉아
소쩍다 소쩍다
구슬프게 울어대니
달빛도 소쩍새 눈물 인양
창 틈새로 뚝뚝 떨어져 흥건하다

만삭 달은
둥실 중천에 떠오르고
시각은 삼경으로 가는데
애절한 울음소리에
잠 못 이루고
애간장만 한없이 녹아내린다.

2009. 3. 19.

내 고향 유월

뻐꾹 뻐꾹
독바우골 솔밭에서 뻐꾸기 울면

아카시아꽃은 가지마다
주렁주렁
눈이 부신 햇살은 입암호에
금빛 물결

제방 위에 누렁이
오수에 꿈꾸고
북녘으로 탁 트인 들은
출렁이는 푸른 바다

산과 옥빛 하늘과 솜구름을 더하면
삼천리 제일의 풍광.

2009. 5. 1.

내 고향 갈재*

굽이굽이 열다섯 굽이
내 고향 갈재
구름도 머물다 가고
길손도 쉬어 가는 곳

마파람이 춘향을 싣고
구불구불 넘어오고
음산한 바람이 가랑잎을 물고
휘돌아 넘어가는
방장산 허리

열차도 자동차도 터널 지날 때
힘겨워 헐떡이고
기적소리도 숨 가쁘게 울어대는
노령재

추억의 고갯마루 올라서면

---

* 갈재 : 전북 정읍시와 전남 장성군 사이에 있는 고개

초록빛 입암 산야 한눈에 펼쳐지지.

2009. 5. 16.

모교

천년 갓바위봉이 굽어보는
갓빠산 푸른 자락 끝에
터를 닦았어라

천진한 코흘리개들을 품어
“하나 둘 셋 넷” 구령에 발맞추기
“바둑아 바둑아 ---” 소리 내어 읽기
눈을 뜨게 한지 어언간 90성상
세월만큼이나
숱한 꿈나무를 길러냈어라

중학교로 일터로 내보낼 때
여리고 약한 자식을 허허벌판에 떼어놓는
엄니 마음이었으리다

6 · 25 전쟁 때
온몸이 불에 타 잿더미 되었으나
훌훌 털고 다시 일어나
우리를 품어 주신 당신

진정 엄니 품이요 사랑이시라

모교여
노령산맥의 기운을 받아
길이길이
입암과 함께 하시라.

2010. 4. 11.

---

* 입암초등학교 개교 90주년을 맞이하여

갓바위

너덜겅을 지나
갓바위에 올라서니
들녘은 산을 감고 돌아
끝이 없고
하늘은 지척이네

천원천 굽이쳐
들로 들로 흐르고
옹기종기 마을은
평화롭다

방장산 등마루에 핀 꽃구름
두둥실 떠오고
신령님 구름에서 내려와
맞이할 것만 같구나

무너진 성터에선
옛 백제의 숨결이 들리는 듯하고
장수의 핏발 친 호령 소리가

골짜기를 흔드는 것 같다

갓바위
이제 알겠노라
천년 세월 비바람 맞으며
이 자리를 지켜온
널.

2010. 6. 1.

제2부

옹알이의 진실

모교 2

하늘이 점지하시어
노령의 천년 정기를 몸에 두르고
입암산이 굽어보는 자리에
터 닦아 앉았어라

철부지 우리를
입을 열어 언어를 익히게 하고
눈을 떠 세상을 보게 하였으니
한없는 은혜요

가르침의 메아리
방장산 허리를 휘감고
하늘에 이르니
더 없는 정성이시라

모교여 !
품을 열어 우리를 안고
90성상 하였으니
입암산과 함께

천년하고 또 천년 하소서.

2010. 7. 9

---

* 입암초등학교 제90주년 기념 축시

천년 축복의 땅

갓빠산이 정기를
솔솔 피워내어 산야에 내리니
천지의 원기를 품었네

철도길 국도길 고속도길 하늘길
큰길, 네 개의 길이
대한의 동맥으로 흐르고
앞으로 또 고속 철길도 열리는 땅

한때 보천교가 융성하였고
한동안
방직공장이 토해내는 기계 소리가
하늘 끝까지 메아리쳤던 곳

입암이여!
꿈을 가져라 그리고 정진하라
언젠가는 천년의 번영이
다시 일어날지니.

2012. 12. 15.

고향

내 고향은

토방에 사뿐히 내려앉은 봄볕
아늑한 엄니 품
구들장 아랫목입니다

지글지글 끓는 된장국 냄새
뚝배기에 마시는 막걸리입니다

졸졸 돌부리 부딪치며 굴러가는
도랑물 소리
들을 건너오는
솔밭 뻐꾸기 소리
궂은날 추억을 두드리는
집시랑 물소리입니다

언뜻언뜻 일어서서 두런두런 다가오는
지나간 옛이야기입니다.

2013. 3. 23.

고향의 향수

내 고향은
당고개 올라서 바라보면
들 건너서 산을 감고 돌아
남쪽 저편에 보인다

지척이 천 리라고 평소에는 잊었다가도
고향길 나서면
맘이 먼저 앞서서
기억을 더듬으며 달음질친다

촌 동네 가 보아도
옛 이웃은 다 어디로 떠나가고
낯선 사람들

아뿔싸!
반기는 이 아무도 없어도
변함없이 그리운 것은 옛고향.

2013. 6. 2.

할미꽃

전설을 등에 업고
태어난 꽃
엄니 묘소 언저리에 홀로 피었네

엄니 넋이 환생하시었는지
생전모습 그대로
낙타 등 하시고 고개를 기우뚱하였네
한 가닥 기력까지 다하여
8남매 키우시고
한 방울 피까지 털어서
사랑하시다가
결국, 모든 것 놓으시고
홀로 은하수 건너시었지요

그래도
살아생전에 사랑을 못다 하셨는지
자주색 짙은 핏빛 꽃으로
다시 태어나시었네.

2013. 6. 27.

옛 동무

갓 낚아 올린
펄떡펄떡 뛰는 붕어 같던 벗들
세월이 켜켜이 쌓여
이젠 추억도 먼 불빛처럼 가물거린다

함박 눈송이 사락사락 쌓이던
긴긴 겨울의 밤
가마솥에 물고구마 대충 씻어 넣고
삭정이 꺾어 불 지피면서
김이 폭포처럼 쏟아지기 기다리며
수다 떨던 벗들
지금 어떻게들 지내고 있을까

기성이는 서울에서 경찰공무원 했으니
집 한 채라도 가지고 살겠고
복례는 육군 장교하고 결혼했다는데
밥술이나 먹고 살겠지
착하디착한 영민이는 일찍이 사별했다는데
머리 깎고 승려 돼 면벽 수도하고 있을까

수녀 돼 머리에 하얀 미사포 쓰고 기도하고 있을까
아니면 벌써 은하수 건너가
천사들과 하얀 날개 저으며 평화롭게
지내고 있을까

천진하고 순수한 벗들의 소식
바람에게 물어보나
구름에게 물어보나

그리움에 가슴앓이하는 노옹의 센머리에
어스름이 내린다.

2013. 7. 30.

벌초

부모님 나란히 잠들어 계신 산소
어쩌다가 구름 그늘만 스쳐 지나는
막시골 외딴곳에
추석 앞두고 벌초한다고 4형제가 모였습니다

제멋대로 자란 무성한 잔디
말끔히 깎아 드리고
잡초는 뿌리 채 뽑아내며
움푹 꺼진 벌은 흙으로 잘 다독거리고 나서
한숨 돌리고 보니
묘소 언저리에 엄니 넋인 듯
평소 좋아하시는 붉은빛으로
백일홍이 빙그레 웃고 있습니다

살아생전에 못다 해 드린 효
인제 와서 어찌 다 할 수 있으리오마는
아부지, 엄니 편히 누워계신 곳이나
정성을 다하여 지켜드리리다

막시골 산비탈에
외롭게 남겨두고 돌아서는 하산 길에
해그림자가
못 잊힌 부모님 마음인 듯
자꾸자꾸 따라붙습니다.

2013. 9. 3.

정월 대보름의 추억

어린 시절 정월 대보름 전 날밤
달이 먼 산 등 너머 오르기 전에
동구 밖에 집합하라는
골목대장의 명령이 하달
저녁밥 벼락치기로 뚝딱 비우고
엄니 몰래 아궁이의 삭정이 불씨를
구멍이 숭숭 뚫린 망우리 깡통에 넣어
달음박질쳤었지

망우리! 소리치며
깡통을 빙빙 돌리면
관솔에 불씨 일어나는 윙윙 소리에
어깻바람이 났고
제방과 논두렁의 쥐불놀이에
불꽃이 훨훨 풍년을 약속했었다

휘영청 달이 솟으면
개구쟁이들 마을끼리 병정놀이 기 싸움
이웃 동네 어귀에서 고래고래 소리를 치면

아무 대답 없고 어둠 지키는 별들만 눈 깜박깜박
돌아오는 메아리는 우리들 고함뿐 적은 전멸
승전의 기상 의기양양하여 돌아왔었지

잠자면 눈썹 하얗게 된다는 엄니 말씀에도
무거운 눈꺼풀 이기지 못해 곯아떨어지고
엄니의 아침 성화에 일어나 보니
요에 세계지도가 그려져 있었지
이놈이 불장난하더니 거시기 했구먼, 빗자루 매타작
하루아침에
키 쓰고 이웃집 다니며 소금 구걸하는
동냥아치 신세 되어 썼지.

2014. 2. 14.

알 수 없는 것은 남의 일

나에게 친동생같이 따르는 고향 후배가 있다
자주 만나서 술자리를 같이한다
내가 한잔 사면 그 사람이 한잔 사고 번갈아서 서로 산다
약속한 것은 아니지만 서로 순번을 잘 지키며
가끔 내가 백수라고 그 사람이 한 번씩 더 살 때도 있다
그런데 그 후배가 생이별하고 홀로 산다
어느 날 또 전화가 왔다
"성님 나가 소병인디라우, 머시여 소주병"
"아따 등천리에 살던 소병이 이랑께"
"잉 소병이"
"성님 오늘 저녁에 시간 있는 그 라우"
"당근이지"
"그라믄 저녁 5시 30분에 '돈토사랑*'에서 만나게라우"
"그려 고맙구만"
둘이 앉으면 고향 이야기로 꽃을 만든다
불그레 얼굴이 달아오른 뒤에야 술자리가 끝났다
"성님 조심하시쇼"

---

* 돈토사랑 : 항상 만나는 음식점

"그려 자네도 잘 살펴서 가"
자전거를 끌고 별말 없이 돌아서는
후배의 뒷모습이 애처롭다
안쓰러운 생각이 든다
저렇게 예의가 바르고 착하고 사리가 분별한 사람이
왜 아내와 헤어졌을까!
지금까지도 그 의문을 풀지 못했다
알 수 없는 것은 남의 일

2014. 10. 25.

제3부

뒤웅박 소리

아부지 뒤따라가는 길

인생 산수傘壽 밑자리에 앉으니
펄펄 뛰던 몸땡이가
여기저기서 무너지기 시작한다
병원을 찾아보지만
점점 쇠해가는 것은 자연의 이치
어느 누가
그 깊은 이치를 거부할 수 있으리오

한번 무너진 곳은
기력이 돌아와도 깨진 항아리에 태를 맨 격
이놈 몸땡이는 항상
움직이는 종합병원이였지
저번에 고향 친구에게 시집을 보내주었더니
전화가 왔다
"빙학아 니는 겁나게 건강하지야"
"잉 그려"
"니는 쩨깐할 때부터 깡깡 했잖혀" 라고 한다
남들이 보기엔
파도 없는 잔잔한 호수같이 보인 것 같다

묵묵히
무너진 몸 이고 짊어지고
할아버지, 아버지가 호수처럼 잔잔히 가신 길
그렇게 내가 그 뒤를 따라가고 있다.

2015. 5. 1.

6 · 25전쟁 때

우리 고향은
퇴갱이하고 발맞추며 산다는
갓빠산 자락 끝
증읍 입암면 천원마을

3 · 8선이 무너져 내린 후
밀물과 썰물이 들랑날랑 난리를 치며
야금야금 마을을 삼켜버렸다

읍내에서 쏴-악 밀물이 들이닥치면
지서 게양대에 태극기가 걸리고
이웃집 아저씨가 빨갱이로 물귀신 되어버렸다
또 쏴-악 썰물같이 빠져나가면
지서 게양대에 인공기가 걸리고
이웃집 아저씨가 반동분자로 물귀신이 되었다

쏴-악 쏴-악
밀물과 썰물이 왔다 갈 때마다
몇 사람씩 물귀신이 되고 집들이 불에 타

큰 동네가 잿더미로 주저앉았다

까만 재를 헤집고
한 집 두 집 들풀처럼 돋았나
다시 일어선 동네
피비린내 나는 상처를 과거 속에 묻어놓고
지금은 뻐꾹새 우는 평온한 시골

가끔은
옛 밀물과 썰물이 꿈속을
소리 없이 헤맨다.

2015. 6. 25.

동생을 보내면서

내년 봄에 복사꽃 피면 여행 떠나자고 하더니
그 약속 어디다 버리고
이 여름 가기도 전에 가시었는가
입암산 싸리꽃도 시나브로 벙글고
이 여름도 비 내렸다 바람 불었다
쉬엄쉬엄 가고 있는데
무엇이 그리 급해 초롱초롱한 이슬도 지기 전에
홀연히 홀로 먼 길 떠나시었는가
지금 어디쯤 가고 있는가
가는 길은 험하지는 아니한가
부디 좋은 곳에 가서 병마 훌훌 털어 버리고
무탈하게 잘 지내시게
우리 걱정은 떼어서 멀리 아주 멀리 버리고
잊고 살다가 아주 편히 잊고 살다가
그래도 어쩌다 생각이 나면
동생 떠난 날과 같이 땡볕 우수수 쏟아지는 날
한줄기 시원한 바람으로 오시게
바람이 지날 때마다
가슴으로 동생 모습 그리어 보겠네

동생을 향한 깊은 사랑은 그리움으로
오래도록 다시 피어나리.

2015.7.19.

하관下棺

– 동생을 장사지내며

유골함을 안고
정읍시립입암공원묘지에 도착하니
스스로 품을 연다
공원은 숙연하고도 고요하다
유골함이 장지에 눕고
조카가 흙 세 주먹을 넣고 다독이며
오열한다

가족들도 따라서 흙을 넣고
슬픔이 울음으로 터져 쏟아지니
공원은 눈물바다
숲속 쑥국 새도 구슬프게 울고
방장산 넘어온 구름도 바쁜 걸음 멈춰 서서
눈물을 찍어댄다

천근만근의 발걸음
터덕터덕 일상의 세상으로 내려오는데
신월마을 모정이 반기며
선선한 그늘에 쉬면서 무거운 한숨

내려놓고 가라 한다.

2015. 7. 17.

천원역

노령산맥 끝자락 언덕배기에
둥지 튼 정겨운 기차역
어린 시절 한때
승객이 문전성시를 이뤄
정기 열차 두고 임시 열차도 생겼던 곳

지금은
떠나는 사람 돌아오는 사람도
묵묵히 개찰하던 역무원도
언 손 녹여주던 대합실 조개탄 난로도
모두 다 어디로 가고
텅 빈 역사만 홀로 외롭구나
열차는 치매 병에 걸렸는지
쉴 곳을 기억 못 한 채 내달리고
인기척을 잃어버린 눈 날리는 플랫폼은
바람만 분주하다

주인에게 버림받고
폐가처럼 서 있는 공허한 역사

창문마다 빗장을 걸어놓고
'천원역' 덜렁이는 낡은 간판 머리에 이고
'이곳을 임대합니다' 이마에 하얀 띠 두르고
고독을 씹으며
가는 세월 애써 지키고 있다.

2015. 11. 25.

다원시스

내 고향은 녹두밭 윗머리 산동네
겉보리 껍질처럼 떨어지지 않는 가난을
벗어버리고 싶어
젊은이들은 다 도회지로 떠나고
늙은이만 가끔 돌담 양지바른 고샅길에
얼쩡거리는 곳
인적기 떠난 곳곳의 빈 집는
바람만이 기울어진 대문짝을
여닫고 있는 촌 동네

요즈음 우리 고향이 뒤집어진다
엄청나게 큰 전동차의 생산기지가 들어 온다고
기사가 신문마다 도배한다
소문이 부글부글 들끓어
자갈밭 땅값이 천정부지로 뛰고
사람 모이는 곳마다
기대에 부푼 민심이 술렁거린다
고향 주가가 바닥만 치더니만
꽁꽁 언 음지에 햇볕이 드는 것

고향을 바라보는 출향인의 가슴도
따뜻하다.

2015. 12. 11.

---

* 전북도와 (주)다원시스가 2015. 10. 7일 투자협약을 체결하고 다원시스 는 2015년 말부터 2020년까지 입암의 19만8,000㎡ 터에 전동차 제작 공장과 40여 개의 협력 업체를 입주시키는 부품협력 단지 조성.

향수

칙칙한 겨울 궂은날이 연일 이어지더니
오랜만에
남쪽 먼 산 너머 고향하늘이 파랗게 열린다
옥빛 하늘에서
고향 속살들이 달려 나온다

찰그락 찰그락
쇠붙이 소리 토하면서
숨 가쁘게 노령재 기어오르는 열차며
산기슭, 들판에
양 떼처럼 옹기종기 모여 앉은 마을
들을 건너가는 뻐꾸기 소리
장성갈재*에 머문 흰 구름
그 어느 것 하나
소중하지 않은 것이 어디 있으랴

정겨운 고향산천이

---

* 장성갈재 : 전북과 전남 경계를 이루는 노령산맥
줄기 고개.

꿈속처럼
생생하게 살아 달려온다.

2015. 12. 27.

꽃동산

고향 하면
따뜻하고 포근한 느낌이 가슴에 배어든다
향수병이 든 나는
고향 사람들에게 먼저 손을 내밀었다

그러나
내민 손을 보지도 않는 사람
잡아주지도 않는 사람
잡았다 놓는 사람
별별 사람이 다 있었다

그런데 따뜻한 손을 꼭 쥔 채
오래오래 변치 않은 사람이 있었으니
"나 소병이 인디"
"성님 오늘 저녁 시간 있는 그 라우"
"세주 한 잔 허면 어떻 것 스라우"라고 하며
가끔 전화하는 6살 터울 후배다
우리는 만나면 고향이야기로 웃음꽃을 만든다

오늘 저녁도 약속 잡혔으니
향수 물씬 풍기는
정겨운 고향 꽃동산 하나 만들어지겠구먼.

2016. 1. 12.

어느 고라니 최후

– 로드킬(Road kill)

새로 개설한 국도 1호선을 구경삼아
승용차로 달음질치다 보니
정읍, 백양사 구간 입암산 기슭 등천리 부근에
고라니 한 마리가
종잇조각처럼 구겨져서
아스팔트 신작로에 내동댕이쳐있다

허기를 달래기 위해
도로 건너편 새순 돋아 핀 보리밭을 찾아
촉수를 내밀어서
칠흑 어둠 더듬더듬 더듬으며
길을 가로질러 건너다 변을 당하였으리다

헤드라이트 불빛이
번개처럼 번뜩이는 길을
겁을 짓누르고 건너가다가
총알 자동차에
온 삭신이 빨래처럼 뭉개졌으리다

솔밭에 새끼는
초롱초롱한 눈망울을 깜박이며
기다리는데
차디찬 길바닥에 누워있는 엄마는
움직일 줄을 모른다.

2017. 3. 31.

만삭 달

선잠 뒤척이다가 일어나 보니
서쪽 하늘에 휘영청 밝은 달이 두둥실 떠
푸른빛을 우수수 토해내고
해 쫓아간다고 해 길 따라
이제 막 서산 넘기를 서두르고 있다

고개를 내밀어 시선을 마주쳐보니
로맨스 시절
내깔 방천에서 저수지 둑길에서
친구와 늘 같이 놀던
옛 동무가 아닌가
정말 얼마나 반가운고

동무야
어찌 내 너를 그냥 보낼쏜가
창문으로 들어온 너는
가닥가닥 걷어 묶어서 창문에 걸어놓고
거실에 쌓인 너는
둘둘 몰아 공 만들어 천정에 달아

이 한 밤 같이하리다.

2017. 4. 5.

고향 3

시간은 오후 6시경 고향에 있는 막내 생각이 문득 머릿속으로 달려들어 폰에 입력된 전화번호를 찾아 전화를 걸었다
"병철 이냐"
"네, 형님"
"너 내일 시간 있냐"
"네, 2시에 약속 말고는 시간 있어요"
"그럼 점심시간에 입천식당에서 만나자 점심이나 같이 하게, 네"
약속 시각을 맞추어 승용차로 고향길을 달려가는데
굽이치는 아스팔트 신작로가 앞을 뚝 터준다
양쪽 산과 들이 기다렸다는 듯이 반갑게 반기고
왕심리 앞산 쑥국 새가 쑥쑥국 인사한다
식당에 들어서니 안이 생각보다 널찍하다
아주머니에게 여기에서 제일 맛있는 음식이 무엇이 있는가요, 하고 물었더니
"돼지갈비도 있고 김치찌개도 있지라우
그런디 돼지갈비가 제일 맛있지라우"
"그럼 돼지갈비로 해 주세요"

아버지 돌아가신 뒤에 언제 동생하고 같이 겸상한 적이 있었던가! 오늘 만난 김에 맛있는 음식을 먹이고 싶은 생각이 들었다. 고향 음식점에서 동생하고 마주 앉아서 식사하니까 혈육의 정도 느끼고 맘이 그렇게 편할 수가 없었다. 음식은 어릴 적에 논에서 김매다가 점심때 땟거리로 먹던 진하고 구수한 맛이 입에서 뱅뱅 돈다

옛날에 소 장사하던 영훈이가 들어왔다

소 시장에 가서 어금니가 실하고 엉덩이가 통통하여 새끼 잘 치게 생긴 놈을 헐값으로 사 가지고 와서 다음 장날에 내다 팔기도 하고 거간꾼 노릇도 하는 후배다

“자네 참 오랜만이네 이리 와서 술 한 잔 같이하세”

“금방 밥 먹고 왔는디”

“지금도 소 장시 하는가”

“지금은 손 놓았는디 가끔 일거리가 있으면 한 건씩 하지”라고 한다

조금 있으니까 친구 동생 오봉이 하고 용호가 들어왔다

“자네 영철이 동생 용호가 아닌가”

“자네 형은 지금 어디에 사는가”

“작년에 죽었으라우”

"잉, 안된 네" 하고 잠시 말을 잃어버렸다가
"이리 와서 술 한잔 같이하세"하니
"형님 정말 오랜만에 뵙고 만이라우"라고 한다
고향엔 만나는 사람마다 오가는 이야기마다 눈에 들어오는 산천마다 포근한 정이 질펀하게 넘치고 두툼한 솜이불처럼 따뜻하다
이 포근한 정으로 옷을 만들어 입으면 한겨울 추운 줄 모르고 살 거야
아 - 이것이 바로 고향이로구나
고향은 따뜻한 어머니 품.

2016. 1. 1

제4부

쭉쟁이

엄니

보름달을 보면
엄니 생각이 절로 납니다

둥근 모습은 모 없는 마음
밝은 얼굴은 말없이 웃으시는 품성
그렇게 항상
내리사랑만 하시었지요
한 방울 피까지 다 태워서 주시고
가실 때는
마른 삭정이 되시었지요
결국, 기력이 부치시어
말문을 끝내
열지도 못하고 가시었지요
저희는 압니다
하시고 싶은 말씀을!

갈잎 서걱거리는 호수 속의
둥근달을 보고
뼈저리도록 깨우쳤을 때는

이미 오래전
이 세상 사람이 아니시었습니다.

2016. 8. 4.

자운영

자운영꽃을 보면 문득
엄니모습이 스쳐갑니다

어렸을 적
춘궁기가 여름 땡볕 가뭄처럼 애태우며
길기만 한데
엄니 어깨에는 식구들의 많은 입이
돌처럼 무겁게 걸려있었습니다
부모 모시며 우리 팔 남매를 조롱박처럼
주렁주렁 달고
보릿고개 넘으실 때
자운영 나물무침으로
식구들의 허기진 배를 달래어 주시었지요

당신께서는 이미 오래전 가시었어도
자운영은 해마다 이맘때면
하부 들녘에 당신 맘 마냥
애타 멍이 든 멍 빛깔 자주 꽃으로
서럽게 흐드러진 답니다.

2017. 4. 20.

이야기 꽃

후배 한 사람이 음식점을 하고 있다
이왕이면 그곳에서
가끔 고향 후배들과 친구들하고
술 한 잔씩을 한다

'명학이는 위암으로 작년에 죽었데'
'병오 딸은 서울에서 변호사 한다네'
입암산 자락에 기대어 살아가는 순수한 사람들의
이런저런 이야기로
고향 향수 꽃들이 벙근다

그 꽃 중에는
눈시울 적시는 노란 개나리꽃도 있고
웃음 피우는 화사한 진달래꽃도 있고
수다스러운 방울꽃도 핀다
흥미진진한 꽃들은
때로는 가슴을 울리고
때로는 환희를 봄볕처럼 피워낸다

고향 소식은
아침 공기를 헤치고 달려오는 뻐꾸기 소리처럼
정겹게 향수를 불러와 벙그는
이야기꽃.

2017. 6. 6.

고향길

내 고향 가는 길은
입암산 자락에 기대어
순수하게 살아가는 두메 산마을
찾아가는 길

과교를 지나 들을 무질러 가면
땅 맛을 알아차린 푸른 벼 포기가
고개 끄덕끄덕
왕심리 앞산 굽이 돌아가면
숲에서 놀던 쑥국 새가
쑥국 쑥쑥국

고향길은
고향이 사무치게 그리워 찾는 이
기억을 더듬어서 오시라고
항상
그 자리에 그 모습으로 있다네

오늘도 설레는 맘 안고

눈익은 길 달려간다.

2017. 6. 9.

내 고향 산천

내 고향은
노령산맥 북방 산간벽지
구름도 노령고개 넘어갈 때는 숨이 차서
쉬었다가 넘어가는 곳

입암산, 방장산이 예수그리스도처럼
양팔을 번쩍 들어 품에 꼭 안아
바람의 심술과 액운을 막아주고
국도, 고속도, 철도, 고속철도는
북에서 남으로 관통하는 대한의 동맥
무궁화호는 입암산 기슭을
잘그락잘그락 헐떡거리며 숨 가쁘게 올라가는데
고속열차는 소리를 묶어놓고 내달리고
자동차는 바람을 일며 내뺀다
방장산 끄트머리 자락에 앉은 입암 호는
물줄기 굽이굽이 논밭의 젖줄
북쪽으로 탁 트인 들녘은
넘실대는 농작물의 푸른 물결

태산자락에
기대어 살아가는 순수한 사람들 동네가
야산 기슭, 들녘에
양 떼처럼 옹기종기 아기자기.

2017. 6. 11.

꿈 2

나는 꿈길을 간다

고향 땅 첫머리
구마석 동네 어귀의 삼거리에 이르면
고향 산천이 품을 연다

아늑한 품
깊이깊이 갈수록
아득한 지난 세월이 줄줄이 달음질쳐오고
알알이 쏟아지는 추억이
한 섬이나 된다

아늑한 품속에는
개울가 돌무더기에 탐스러운 찔레꽃
잔디가 무성한 제방 뚝
밤하늘에 휘영청 밝은 둥근 달
자운영꽃 흐드러진 논두렁길 들이
가지가지
백발노인은

아이가 되고 청춘이 되고

그윽한 내 집 뜰을 가듯
고향의 품을 간다.

2017. 6. 12.

내 고향 갈재* 2

옛날 옛적에
남도 선비가 큰 뜻 품고 과거 보려고 넘어오고
유배 관료가 눈시울 적시며 넘어가던 고개
갈애 바위에 얽힌 전설을
주저리주저리 흥미 있게 품고 있고
봇짐장수도 넘나들며
이따금 도둑 떼도 나타나던
으슥한 길

지금은 터널길과 고갯길 2개길
툭 뚫린 아스팔트 터널길은
호남평야와 전남평야를 잇는 주요 교통로
꼬불꼬불 고갯길은
여덟 굽이 올라가서 일곱 굽이 내려가고
바람도 계절도 길 따라서
굽이굽이 넘어오고 넘어가는
노령재

* 갈재 : 혹은 장성갈재라고 부르며, 전북과 전남의 도 경계를 이룬다.

고갯마루에 서면
호수 같은 옥빛 하늘이 손끝에 닿고
북으로
시원하게 트인 푸른 물결은
호남평야로 뻗어가는
들녘.

2017. 6. 15.

간이 노령역*

산마을 장 봇짐 나르던 통일호가
노령고개 넘을 때
헐떡이며 올라와서 한숨 돌리고 가던 곳

언제부터인가
달구지같이 정겨운 완행열차는 보이지 않고
낯선 고속열차만 쉬어갈 줄 모르고
굉음을 내며 무섭게 내달린다

천년의 갓빠산**이
병풍처럼 서서 한결같이 지켜보고 있는데
차표 개찰구는 굳게 닫힌 채
시퍼렇게 녹슨 자물통이 이를 악물고 있고
텅 빈 플랫폼에는
말 없는 가을 햇살만 분주히 부서지는가
모두 침묵하고 있는데

---

* 노령역 : 정읍시 입암면 등천리에 위치한 노령산맥 줄기에 있는 작은 간이역으로 2008. 1. 1.부로 여객 취급이 중지되었음.
** 갓빠산 : 입암산의 옛 이름

그래도 옥상에 '노령역' 이름표만은
초롱초롱 눈을 뜨고
이곳이
기차 정거장이었음을 말하고 있네

사람들이 다 떠나버린 뒤에
속을 비워버린 역사驛舍는
홀로 서서
통일호 완행열차처럼 머물다 가는 뭉게구름을
묵묵히 바라보고만 있구나!

2017. 9. 30.

황톳길 언덕

추석 때면
고향 황톳길 언덕을 걸어서 성묘한다
그래서 애들처럼 설레는가

올 추석에도
성묘를 마치고 돌아오는 길에
황톳길 언덕에 섰다
하늘과 산과 들녘과 마을을 마주하고
심호흡을 하니
눅눅한 황토 흙냄새가 물씬 코를 후비며
나도 함께하자고 끼어드네

온몸으로 점 하나 찍어
고향의 수려한 풍광이 되어본다
가슴이 뭉클한다

모든 것 제자리에 내려놓고
황톳길 언덕을 내려오는데
솔바람 뒤따라와서

내년에도 꼭 건강한 모습으로 오시라, 하고
소곤소곤 속삭인다.

2017.10.4.

엄니 3

정오 갓 넘긴 햇살이
병원 콘크리트 옥상을 분주하게 쪼아 대는 시각
정적의 포로가 되어버린 정읍아산병원 병실에 누워
문득 옛적에 가신 엄니 생각에 잠긴다

어느 날
예수병원에서 같이 진료를 받았는데
엄니는 입원하시고 나 혼자 터덕터덕 집으로 돌아왔다
그때 그 길로 병석에서 일어나지 못하시고
영영 몸져누워 버렸다
점점 탈수돼 피골이 맞붙어 살점이라고는
찾아볼 수가 없었으며
기력조차 부치시어 눈꺼풀을 겨우
올렸다 내렸다 하시다가 우리 팔 남매를 못 잊어서
끝내 눈을 감지 못한 채 돌아가시었다

"너희들은 절대로 따라오면 아니 된다"라고
손을 설레설레 저으며 은하수 건너가신 뒤
그 후 아버님께서도 신음 신음 앓으시다가

엄니 계신 곳을 찾아서 떠나시었다

생전에 못다 한 효 인제 와서 어찌
다 할 수 있을까 마는
불효 놈 저녁놀에 익어 떨어지는 날
물어물어 찾아가 용서 인사 올리련다.

2018. 2. 16

찾아간 고향

불현듯이
어릴 적 향수가 가슴에 사무쳐서
무작정 추억을 더듬으며 고향을 찾아갔더니

소나무 냄새 솔바람을 앞세우고
산을 가만가만 내려오고
창공에 뭉게구름도 옛 같이
노령 갈재 넘나들며
앞산 뻐꾸기 소리도 여전히
들을 건너 정겹게 달려오는데

초야에 묻혀
농부로 살겠다는 친구도
논두렁 물꼬에서 떨어지는
작은 낙숫물 소리로 살겠다는 친구도
보이지 않네

산천은 그대로인데
친구는 다 어데 메로 갔는고

허허한 하늘 아래
백발이 성성한 이 늙은이 홀로
동네 어귀에
점 하나로 서 있구나!

2018. 5. 15.

입암산성

입암산 마루 갓바위에 서면
동남쪽으로 펼쳐진 산성
험준한 산세를 따라
사 십리

얄궂은 긴 세월이
바윗돌 같은 성곽을 밀치고 무너뜨려
옛 모습 다 어디로 가고
겨우 북문과 남문이 흔적으로 남아
옛적에 치열한 전쟁터였다고
입을 연다

정유재란 시 정삼품 별장 유진은
허물어진 성곽을 쌓고 왜적과 싸우다 순절
끝내 성을 못 잊어
순의 비는 성 한가운데 볕 잘 드는 골짜기에
잠들고
넋은 기다란 성 따라 기암 단애의
메아리 되었네

무너진 성에 귀를 열고
끈질긴 들풀 같은 겨레의 숨소리를
들어보자.

2017. 7. 8

제5부

해거름녘

마르지 않는 향수

가슴속에
모래톱 웅덩이 하나
퍼내도 퍼내도 금시 차오르는 향수
구석구석 틈새에서
생수처럼 솟아 나오는 그리움

그 속에서
엄니, 아부지, 죽마고우, 아랫녘 순이, 둑길
둥근달, 소쩍새, 황톳길 언덕 -------
모습들이
문득문득 찾아와
고향으로 가잔다

마르지 않는 향수
잠이 들면 꿈길에서 눈을 뜨는
몽상夢想들.

2018. 6. 10.

친구

어깨동무 삼 형제 중
경찰 시험 합격하여 서울로 올라간
기성이

언젠가 고향에 내려와서 하는 말
말년에는 꼭 귀향하여
자연 속에서 있는 듯 없는 듯
고요처럼 살다 가겠노라 나불대더니
신수가 활짝 펴졌는지
지금껏 소식불통이다

하기야 저승 갈 때
서울에서가나
여기에서가나
훨훨 하늘길 올라
은하수 건너는 저승 다리야
똑같지 않겠는가

기성아

혹시 먼저 가거들랑 자리 잡아 놓아.

2018. 6. 13.

호박잎 된장국

– 엄니 손맛

어스름 걷어내며 새벽 운동 다녀오는데
새싹처럼 연한 호박잎 줄기가
넝쿨을 비집고 얼굴을 내미니
엄니 손맛 식감食感이
바람처럼 스친다

내 어릴 적 한가을
이슬방울이 풀잎을 질펀하게 적시고
음산한 바람이 나뭇잎 흔드는 요맘때면
소나무 껍질처럼 거친 손으로
연한 호박잎 줄기 뚝뚝 뜯어 다듬고
된장을 주물주물 주물러 풀어 넣어서
팔팔팔 끓인 된장국
생각할수록
환상의 맛으로 달려온다

수많은 세월이
수없이 흘러가 버린 지금도
그 구수한 된장국 엄니 손맛이

가슴에

엄니 혼처럼 살아있다.

2017. 10. 21.

메밀꽃이 피면

나 어릴 적 아부지는
한 오 리쯤 떨어진 하부마을 잔등 너머 다랑이논
하늘만 쳐다보는 천수답을 지셨다

뙤약볕 봄 가뭄이 보릿고개처럼 길고 길면
모심는 시기 놓쳐버리고
얼었던 땅이 녹아 풀리기 시작하여
봄갈이해놓은 논바닥 흙덩이는
쇳소리 나는 돌덩이 되었다
하늘을 바라보다 바라보다 가슴은
까만 숯덩이 되시었고
하지를 지나 소서 접어들었을 때는
두렁은 독새기풀이 터줏대감행세
고랑은 쩍쩍 갈라진 거북 등
새까맣게 탄 가슴으로
석공이 정과 망치로 돌을 다루듯
괭이로 쇳덩이 흙을 잘게 부수어서
서둘러 대신 메밀 씨앗을 뿌리시었다

농사를 다 짓고 난 아부지 모습은
얼굴은 구릿빛 손발은 참나무 껍질 되시었지
그때 왜 어째서
산같이 깊은 당신의 맘을 몰랐을까!

메마른 땅에서도
하얗게 꽃피우는 메밀처럼
하얗게 하얗게만 살다가 가신 당신을
해름 노을에 젖어서야 비로소
메밀꽃 보고 사람 되어
이제나마 나직이 목메어 불어 봅니다
아부지.

2018. 10. 31.

---

* 전북 문학관에서 주관한 제1회 농촌 사랑 백일장에서 동상 수상작.

갓빠산*의 전설

하늘이 처음 열리는 날
하느님은 심장을 좁쌀만큼 떼어서
굽이굽이 뻗어가는 노령산맥을 빚고
당신의 전지전능을 젓가락으로 찍어서
지맥地脈에 불어 넣으니
정기의 기운이
산맥을 따라 흘렀다 하느니라

후세에
이승에서 첫사랑을 맺지 못한 혼령이
저승길 굽이굽이 달려서
다시 이승으로 돌아와
남자는 갓을 쓴 채 여자는 낭자머리를 빗은 채
태산으로 환생하여 연을 맺으니
각각 입암笠岩산과 방장산이라 부르게 되었고
부부 산이라고도 하였다 하니라

---

* 갓빠산 : 입암산(笠岩山)의 옛 이름으로 갓바위산이 변형되어 갓빠산이라고 부르게 된 것으로 추정됨.

부부 산은
전생의 업보를 다스리고자
선을 행하기 위하여 양팔을 번쩍 들어 벌려서
입암 산천을 안아 품으니
액운과 재앙이 멀리 물러가고
마을마다 화평과 안녕이
옥광목 같은 순수로 넘쳤다 하느니라

새들 노래하고 바람이 드니
맑고 푸른 하늘에 돛단 구름 떠오고
골짜기마다 샘물이 솟아 산천이 푸르니
오곡백과가 풍성하였다 하니라

입암 백성이여!
정기를 듬뿍 품은 채 장승처럼 우뚝 서 있는
부부 산은
주저리주저리 열린 전설을 지키며
평안하고 아늑한 세상 일궈
입암 땅과 한 몸으로 긴긴 세월 누릴지라.

2018.11.4.

개땅쇠*마을

6·25 인공 때 우리 동네는
낮에는 특공대 밤에는 빨치산이
갯물인양 밀물과 썰물처럼
한 번씩 밀려왔다 빠져나가면
집과 이웃들이 연기처럼 사라졌다
하루에 두 번씩이나 들락거리는 등쌀에
징게강할면**
산이 없는 널따란 들판에 의좋게 모여 사는
조용한 외갓집 동네를 찾아서 피난을 갔었다

우리가 간 곳은 집 일곱 채가 일렬횡대로
땅바닥에 납작 엎드려 있은
2닥구 11조 개땅쇠 마을이었다
강할 소핵교 2학년에 편입하여
갈대 우거진 신작로 십리 길을
강아지처럼 졸졸 이웃 형들 따라서 다녔다

---

* 개땅쇠 : 갯땅에 사는 서민들이란 뜻으로, 어려운 현실에서 힘들게 살아가는 민중들을 이르는 말

** 징개 강할면 : 현재의 행정구역 김제군 광활면을 말함

뙤약볕이 가마솥 열기를 뿜어내는 여름
메뚜기 떼도 지쳐서
갈대밭에서 졸고 있는 어느 날
선상님은 월사금 두 달씩 밀린 학생 5명을
앞으로 불러내 집으로 돌려보냈는데
그중에 나도 끼어있었다

갑자기 하늘이 내 맘같이 컴컴해지고
소낙비가 바람 울음소리로 달려왔다
옷을 질퍽하게 적시는 것은
눈물이었을까 빗물이었을까!
그래도
책은 젖으면 안 된다고 돌돌 책보에 말아서
등 뒤 옷 속에 깊숙이 묻고
아침에 바삐 달음질쳤던 등굣길을 되짚어
혼자 터덕터덕 걸었다

집에 돌아와 보니 엄니 아부지는 김매러 가시고
집시랑 물소리가 빈집을 지키고 있었다

냉기 서린 방바닥에 척척한 책을 널면서
뚝뚝 흘린 눈물이 흘러 흘러 아랫목에 흥건히 괴였다

2018.12.6.

향수 2

내 고향은
산 능선이 굽이굽이 금 이어놓은 노령산맥의 서쪽 자락
어릴 적에 윗녘과 아랫녘을
기차는 호남터널로 자동차는 노령 재로 넘나들었다

기차가 입암산 기슭을 휘돌아 기어 올라갈 때
숨차 헐떡이며 뱉어낸 목쉰 기적소리를
허공에 뿌리고
뿌연 연기는 산허리에 매달아 놓고
거북이걸음으로 조심조심 먹물 풀어놓은 터널로
애벌레처럼 기어들어 갔었다
노령 재에 눈이 많이 쌓인 날이면
트럭이 산 밑 연월 동네에서 묵으며 눈 녹기만 기다렸고
극성맞은 동네 처녀, 총각들은 움츠리고 잠자는
차를 깨워서
읍내 정읍극장으로 히득거리며 저녁 영화 구경 갔었지
아낙네들 이러쿵저러쿵 입방아 찧는 뒷말이
꼬리에 꼬리를 물기도 하였다

지금은 호남, 노령 상 하행선 여덟 개 터널
화살처럼 내달리는 엔진소리, 기름 냄새에
정신이 혼미하여
고요도 살지 못하고 떠나버린 땅

머리에 억새 꽃 이고 고향 찾아갔더니
고즈넉한 옛 풍광은 다 어디로 달아나버리고
그리운 향수만 애틋하게
이 늙은이의 가슴팍을 비집고 든다.

2018. 12. 13.

순수한 사람들

내 고향은
전라도 정읍 두멧골 녹두밭 윗머리

어릴 적
궂은비 부슬부슬 내리던 어느 여름날
감자 빈대떡 부쳐 먹으면서
우리 엄니는 비료부대 고깔 쓰고 한 쟁반을
순이 엄니를 부르더니 낮은 담 위로 넘겨주면서
입이 심심해서 한번 부쳐 보았넌디 맛이 별로여, 한다
며칠 지나
순이네 집에서 제사 떡 한 접시가
담 위로 넘어오면서 순이 엄니 목소리도 같이 넘어왔다
우리 징 조부 지삿떡인디 쬐끔이여,

병문이네 모심는 날 새참 먹을 때는
이웃 논에서 김매던 상열이 엄니 아부지를 오시라고 하고
모 때우기를 하던 우리 엄니 아부지도 불러서
논두렁 국수 잔치를 벌였지

우리 집 마당에 쌓아 놓은 벼 더미 헐어서
나락 훑는 날은
점심밥 때가 되면
일하는 엄니를 찾아 코흘리개 아그들이
하나둘
동생 손 잡고 아장아장 모여들고
덕석 펴놓고 시끌벅적 낮이 밥잔치를 하였다

내 어릴 적 향수
입암산 골짜기만큼이나 깊어.

2018. 10. 10

제6부

가슴꽃

물고구마

어릴 적 아부지는
막시골 밭에 무서리 하얗게 앉은 날
고스러진 순을 걷어 내고 고구마를 캐서
큰방 윗목에 수숫대 발을 치고
수북하게 쌓아 놓았다

문풍지도 울지 않는 날
눈은 도란도란 하염없이 내리고
천지는 하얀 눈 세상
고구마을 꺼내 가마솥에 넣고 장작불 지피면
뜸 드는 냄새가 문 틈새 비집고
뜨뜻한 방으로 솔솔 기어들어 왔었지

아랫목 이불 속에 발을 묻고
엄니 옛 얘기 들으며
퐁퐁 쏟아지는 눈을 문틈 사이로 훔쳐보면서
속살이 노란 물컹한 물고구마
한입 넣으면
쩍쩍 달라붙은 단맛이 입안에 가득

하였다

새까만 머리 파뿌리 된 지금도
샘보다 깊은 달콤한 그 노랑 물고구마 맛이
환상의 영혼처럼 지워지지 아니한다

2019. 1. 20.

영화 가설극장

나 어릴 적
동네에 영화 가설극장이 들어왔었다
확성기가 토해내는 트로트 가락이
지붕을 징검징검 건너서
논밭으로 들로 이웃 마을로 달려간다

논에서 아부지를 따라 일하던 나는
마음이 봄바람 든 처녀 가슴처럼 부풀어 있었다
저녁 먹고 어서 영화 구경 가야지

엄니를 졸라 댔더니
그런 돈이 어디 있야 아부지한테 야기 혀 봐, 한다
아버지에게 말씀드려 보았자 오히려 혼쭐이 날 일
눈치만 살피다가 가설극장을 갔더니
허우대 큰 건장한 청년이 기도를 보고
둘러친 포장 바깥쪽으로 높이 켜 단 전깃불이
올빼미 눈깔처럼 부릅뜨고 있었다

옆집 대성약국 고창훈 씨는 가족들 데리고

다 같이 함께 입장하고
아랫녘 순이도 히득거리며 들어가는 것을 보니
부럽기도 하고 욕구가 더욱 속을 달구기도
무일푼이라 출입문으로 당당하게 들어가기는
이미 틀려먹었고
포장 둘레를 몇 바퀴 돌아보았으나
허술한 개구멍은 애초부터 없었던 것 같다

영화 구경을 포기하고 돌아온 나는
이불을 머리끝까지 둘러쓰고
소리를 죽여 가며 눈물을 한없이 훔치다가
슬픔을 뒤집어쓴 채 잠이 들고 말았다

2019. 1. 21.

식구 인력

한때 우리 집은
하나시, 할매, 아부지, 엄니, 큰고모, 작은고모,
누이동생, 형제 동생, 나
아홉 식구 대 가족이었다

아부지는
농사일에 놉을 살 때는 하나시 할매 빼놓고
식구 일곱 몫을 제외하고 산다
그래야 주판이 맞아떨어지기 때문이다

일요일은
놉 일곱 몫이
무상으로 인력 동원되는 날이다

우리 식구는
공부도 해야 하고 깔도 베야 하고
여물도 썰어야 하고 쇠죽도 쑤어야 하고
인력 동원도 나가야 하고
일인삼역 사역

2019. 1. 22.

우리 엄니

정갈하게 빗은 낭자머리에
항상 하얀 수건을 쓰신 핏기 없는 얼굴
편두통 때문에 늘
고개를 한쪽으로 기우뚱한 모습
밤에 피었다 아침에 지는
달 닮아 속까지 하얀 박꽃

지금 세상에는 진통제 한 알이면 직방인
편두통에다가
식구들의 생계 짐과 싸가지 없는 병까지
양어깨에 다 짊어지시고
힘겨운 삶 하시다가
회갑 쇠시고 그 이듬해
세상이 너무너무 무겁다고
일찍 놓아버리셨지

헛간 지붕 위에
고요한 밤 고요하게 태어난
고요한 꽃

또 우리 팔 남매 걱정에 하얗게 우시었는지
하얀 얼굴에
하얀 눈물이 하얗게 방울방울
우리 엄니.

2019. 8. 8.

수제비

어릴 적
뙤약볕이 쏟아지는 어느 여름날

마당 한구석에서 졸고 있는 솥단지에
보릿대 검불로 불을 지피고
참나무 껍질처럼 거칠어진 손으로
밀가루를 질펀덕하게 반죽하여
뚝뚝 떼어 넣으시며
탱자나무 울타리에 매달린 애호박 숭숭 썰어 넣어
주걱으로 휼휼 휘젓는 수제비
그때 그 맛이
별안간 군침을 일으키고 달아난다

서둘러 짱마트에서 "해뜨락"표 수제비를 사서
집사람보고 끓여보라 했더니
군침을 켜놓고 줄행랑을 친 그놈 맛이
아니더라

언뜻 향수처럼 스쳐 가는 그 맛을

어떻게 하면 만날 수 있을까 고민하였더니
알고보니 이미 옛사람 되신
엄니 손맛이었더라.

2019. 8. 20.

정읍시립입암공원묘지

– 추석날

노령 재 고갯길이
험한 산세 헤집고 굽이굽이 누워있는
방장산 자락 끝

고요가 적막을 엮어 집을 짓고 사는
괴괴한 터
가끔 산새가 다녀가고
바람도 지날 때 숙연해지는 공원

오늘은 추석날
곱게 단장하고
모처럼 고즈넉한 품 활짝 여니
구름 하늘도 따라서 가슴 열어 파란 호수
끈끈한 피붙이 성묘객들
구름같이 몰려와 밀물과 썰물이라

얼마나 오늘을 기다렸던가

영혼과 중생의 상봉

저마다 사연 있어 흘린 눈물이
샛강으로 흐르고 흘러
입암호 되었는가!

2019.9.13.

터 3

– 다원시스 정읍공장

천년을 침묵해 온 땅
정적과 바람과 산새만이 살던 곳

한때 굴착기 소리가
지축을 뒤흔들더니
지금은 건축물 올라가는 망치 소리가
허공을 찌른다

꿈꾸던 입암 땅이 눈을 뜨고
잠자던 입암산 정기가 일어섰다
이제 그 누가 이 기상을 막을 수 있으랴
인제 이곳은 전동차의 요람

머지않아
전동차의 힘찬 기적소리가
갓바위에서 산봉우리 징검 징검 건너
서울로
유럽대륙으로
세계로

메아리칠 지어라.

2019. 9. 13.

제7부

흙구슬

노거수

개구쟁이 적 뛰놀던 모교 강당에서
면지 출판잔치 한다기에
운동장에 잰걸음으로 들어서니

동무해 주던 늙다리 평 나무가
육백 년 묵은 이끼 낀 갑옷 입고
널찍한 그림자 거느리고
아따 빙학이 얼마 만인가, 하며
끔찍하게 반긴다
그런데 그때 숨바꼭질같이 하던 바윗돌은
모두 다 어디 갔는가

빛나는 졸업장 옆에 끼고
잘 있거라 아우들아, 정든 교실아---
눈물을 훔치며 교문을 나설 때
풋병아리였으니
어림잡아 65년 만이네

가버린 철부지 시절 아득하고

내 백발인데

어찌 넌 옛 모습 그대로인고.

2019. 12. 28.

길 7

– 고향길

내 고향 가는 길은
남쪽으로
굽이굽이 누워 있는 길

기다려 주는 이 아무도 없어도
그저 기분이 업 되어
즐겁기만 한 길

나설 때는 설레어 맘 앞서고
돌아올 때는 향수
가슴에 담아 오는 길

봄 여름
푸른 물결이 넘실넘실
겨울은
끝없는 순백의 설원

꿈엔들 어찌 잊으리오
눈에 훤한 길.

2019. 12. 31.

구마석 주막집

구마석 주막거리를 지나치니
인심이 넉넉했던 그이가 번쩍 스친다

면서기 월급쟁이 풋내기 시절
1972년 새벽종이 가난을 깨울 때 여름 한낮
이십 리 독자갈 길을 삐걱거리는 자전거를 몰고
담당 부락 출장 나왔다고 들어서면
소아마비로 한쪽 발을 절뚝거리는 그는
지팡이로 중심을 잡고 서서
막걸리 한 사발을
따뜻한 인정까지 덧거리해서
철철 넘치게 따라 주던 그이
지금은 어디 가고
푸른 지붕 대형 창고가 그 흔적들을
짓뭉개고 서서 빤히 바라본다

그 시절 그때
탁주 한 사발 벌컥벌컥 들이켜면
얼마나 달콤했던가

그이도 가고 주막집도 가고
막걸리도 가고 없어도
그 향수는 지난밤 꿈만 같아라!

2020. 1. 10.

동네 삼촌

내 나이 일고여덟 살 적 동네 삼촌이 한 분 있었다. 그 이의 품은 넓고 따뜻하였다. 우리는 정읍시가지에서 이십 오리쯤 떨어진 산간벽지 깊은 두메산골에 살았다. 그래 봬도 우리는 면 소재지 천원 동부마을에 살았으며 나는 지서 앞에 살았고 삼촌은 입암국민학교 옆 외딴집에 살았다. 삼촌은 우리 집에서 머슴살이하였고 나는 그를 친삼촌처럼 잘 따랐다. 한겨울 눈이 무릎까지 쌓이고 온 천지가 동화 속 나라처럼 새하얗게 눈이 부시는 겨울에 삼촌이 하는 일은 아침에 일찍 마당을 쓸고 쇠죽을 쑤며 사랑방에 가서 새끼를 꼬는 일을 하다가 눈이 녹으면 산에 가서 땔감을 하는 일이었다. 나는 가끔 삼촌을 따라 사랑방에 가보았는데 다른 방과 다르게 여물을 쑤기 때문에 그 혹한 겨울에도 아랫목 윗목 가리지 않고 뜨근뜨근하였고 봉창이 하나뿐이어서 방안은 어둠침침하였다. 삼촌들이 모두 예뻐해 주어서 자주 삼촌 따라 사랑방에 갔었다. 어느 때는 여물을 쑬 때 고구마를 올려놓았다가 주기도 하였는데 꿀맛이 그 맛 같았으랴!

아버지는 사내라면 힘도 쓸 줄 알아야 한다고 내 몸에

맞게 지게를 하나 맞춰주고 삼촌 따라다니며 지게질을 배우라고 하였다. 어느 화창한 이른 봄날 나무하러 가는 삼촌을 따라서 갓빠산에 올랐다. 산길은 협소하고 바위를 돌아서 구불구불 나 있는 벼랑길이어서 아래가 천길 낭떠러진 곳도 있었다. 말잔등을 올라가서 능선을 네댓 개 넘고 넘어 은선골 골짜기에 지게를 부려놓고 나무를 하였다. 그곳은 소나무가 울창하여 원시림같이 하늘을 덮었으며 겨울에 눈의 무게에 부러진 가지나 바람에 찢어진 가지가 여기저기 너부러져 있었다. 잘 마른 삭정이만 골라서 잔가지를 치고 한 다발씩 묶는데 금시 한 짐이 되었다. 삼촌은 조그맣게 묶어서 내 지게에 올려 주면서 "쫴끔인게 게벼울겨 조심해서 가라잉"라고 한다. 그런데 일어나면서 꺼꾸러지고 받치면서 넘어지고 도저히 중심을 잡을 수 없었다. 지게질을 아무나 하는 것은 아니었다. 땀을 펄펄 흘리면서 앞을 더듬거리며 오면은 삼촌이 뒤따라오면서 조심하라고 잔소리를 늘어놓았다. 받칠 때나 일어날 때 삼촌이 뒤에서 붙잡아 주어서 겨우 집에 도착하고 보니 점심때가 훨씬 넘어버렸다. 할머니는 빙학이가 오늘 밥값을 톡톡히 하였다고 칭찬을 쏟아냈다. 지게질에서 제일 어려운 것은 짐을 지고 일어나기였다.

가을에 나락이 노르스름하면 삼촌 따라서 제일 먼 논배미에 가서 엉덩이만큼 베어왔다. 언제나 삼촌이 짐을 꾸려주고 나를 앞세웠다. 독바우 방죽을 지나 독바우 동네 앞을 거쳐 막시골 언덕배기를 넘어오노라면 길섶에서 놀던 장끼가 놀라서 푸드덕 날기도 했다. 풋 나락을 가마솥에 쪄서 절구통에 넣고 찧으면 물렁물렁한 올게 쌀이 된다. 할머니는 우리 강아지 욕봤은께 많이 묵으라, 하면서 한주먹을 어머니 몰래 호주머니에 찔러주기도 하였다.

삼촌은 제 몸 살피듯 나를 항상 살펴주었다. 무엇이든지 이 원하는 것은 다 해결해주는 해결사요 경호원이요 보호자였다. 정말 참 좋은 삼촌이었다. 그 후 어느 날 가난을 벗어버리려고 머슴살이를 그만두고 서울로 떠난 뒤로 소식이 끊겼다. 소문에 의하면 아주 크게 성공해서 방직공장 사장이 되었다고 한다. 삼촌을 꼭 한번 만나보고 싶다. 삼촌 모습은 주름이 없는 듬직한 청년으로만 기억이 난다. 내가 백발이 되었는데 지금도 살아있을까? 그때 그 시절 항상 따뜻했던 삼촌이 아득한 향수로 달려온다.

2020. 2. 6.

고향 2

난 일찍이 떠나올 때
고향을 가슴에 꾹꾹 묻어 가지고 왔다

철부지 적 술래잡기 동무도
사춘기적 달빛 로맨스도
뻐꾸기 울던 산천도
모두 모두 다
내 가슴속에 잠들어 있다

애틋하게 추억이 머릿속을 헤맬 때는
눈을 감고
몸살이 나게 달려가고 싶을 때는
꿈을 꾼다

오늘같이 로맨스의 친구가
뼛골에 사무치도록 그리울 때는
지그시 눈을 감고
가슴속 고향을 깨운다.

2020. 2. 28.

조상님 산소

갓빠산 말잔등 능선아래 골짜기의
양지바른 곳에
조상님 일곱 분이 잠들어 계신다

사방으로 흩어져 계시는 것을
아부지께서 지게로 이곳으로 모셔와
잡목을 잘라내고 돌을 캐낸 다음 터를 닦아서
위에서부터 항렬별로 편히 쉬게 하시었다

아부지께서
지병으로 피골이 맞닿아 돌아가시기 전
성묘 갈 때는 날 좀 데리고 가거라, 하며
무거운 입을 겨우 이기고 말씀하시어서
새털같이 가벼운 아부지를 등에 업고
같이 가시었는데
산소 밑자리에 앉아서
조상님을 물끄러미 바라만 보고 계시었다

그러시는 아버지가 그때에는

무슨 생각을 하시는지 무슨 말씀을 하시고
싶으신지 잘 몰랐으나
내 백발 되어 기력조차 쇠해지니
이제야 비로소 알 것 같구먼.

2020. 3. 7.

싸리꽃

쬐그마한 것이
하나도 볼품없는 것이
하필이면 한여름 염천에 피는가

좋은 계절 좋은 날 다 보내고
땡볕이 벌겋게 타는 된더위 철에
산고를 치르는고

산새만 가끔 왔다가는 골짜기에
가만가만히 태어나서
바위틈새로 흘러내리는 물소리처럼
조용조용히 살다가
열대야에 몸뚱이만
뒤척이다가
물안개 지나는 고요한 소리로
가는 꽃

그래도 꽃이라고
씨알 하나는 붙여놓았네

어쩌면 넌 나를 똑 닮았나.

2019. 7. 23.

길 8

– 내 고향 가는 길

내 고향 가는 길은
남쪽 하늘 따라 트여있는 길

당고개 올라서면 구불구불 뻗어
아득히 가물거리고
대한의 동맥 고속 철길, 완행 철길, 고속도로와
만나는 길

삼산 벌판길 지날 때는
푸른 바람결 출렁이고
왕십리 동네 돌아가면
툭 터진 들판 끝에
정든 고향 집 가물가물

눈 감고도 문제없이 찾아가는 길
꿈길에서도 자주 만나는 길

2020. 1.

육교적 가족관과 도교적 자연관이 등가적으로 융합하여 빚는 서정시의 전범

—김병학 시인의 시는 교육정서의 충일充溢이다

소재호(시인, 문학평론가)

"시는 신神의 말이다. 그러나 시는 반드시 운문 속에서만 있는 것이 아니다. 시는 곳곳에 충일充溢한다. 미와 생명이 있는 곳에 시가 있다." 이는 투르게네프의 말이다. 신의 말은 신의 뜻을 지닌다는 말이기도 하다. 평범한 인간의 일상의 말이 아니라는 전제를 설정한다. 신의 뜻. 신이 암시하는 바의 막중한 의미, 또는 이적異蹟이거나 경이적인 신이神異등을 막라한다고도 이를 수 있을 것이다.

마치 산을 스치고 나온 계곡물이 모여 들어 호수를 이루 듯이. 그 호수는 그냥 물웅덩이가 아니라 영성靈性을 띤 신비한 존재로 영활靈活하여 경이의 이상적 형모로 넘실거리는 것일 터이다. 충일하다는 의미는 일상적 범상이 아닌 넘치고 충만한 궁극을 의미할 것이다. 저 호수라 일

킨는 변이의 안 섶에는 미와 생명이 구조된다. 여기서 시가 운문이냐 아니냐가 구태여 문제될 것은 없다. 그러니까 광의의 '문학'이라고 그 카테고리를 넓혀도 좋을 성 싶다. 미와 생명을 담아내는 정서의 글은 꼭 시라고 한정할 필요는 없기 때문이다.

필자는 은연중에 '시는 호수이다'라는 단정을 내려버렸다. 의도하여 출발하였지만 결과된 것은 신의 창조물쯤으로 환치한 표현이 되어버렸다. '시인은 제2의 신이다; 라는 어법을 대입시켜 보면 이해가 순조로울 성 싶다. 호수가 달성되고 나면 저 지난 적 냇물의 경위는 묻혀버린다. 푸른 색감이 아니었는데 호수에 다다라 깊디깊은 한의 푸르름으로 변용되고, 하늘이 담기고, 뭉게구름이 피어나고, 바람이 일어나 물결을 데불고, 새로운 크나한 세계를 빚어내는 창조물, 호수로 하여금 경이롭게 아우라를 펼치는 게 아닌가? 몇 개의 어휘들이 모여 충일한 미와 생명, 진실과 진리, 무한정서의 펼침 등등의 시로 형상화 되는 것이니 시를 일컬어 호수라 칭함이 과한 궤변은 아닐 것이다. 시는 순탄한 논리는 아니다.

내면에 합리적 논리를 숨길지라도 겉으로는 오히려 역설이요 아이러니일 터이다. 빈곤한 의미의 물웅덩이를 새로운 세계의 충만한 호수로 이미지를 얹으면 새롭게 일어난 이적이 되는 것이다. 그러니까 건조한 단어 몇 개의

조합이 절묘한 미적 형상화를 거쳐 상징의 깃발로 높이 훌쩍 펄럭이면 생명의 시가 되는 셈이다.

여기서 '정서'라는 경건한 단어를 무시해서는 안 될 것이다. 사실 시를 단순히 정의한다면 '시란 품격 높은 정서의 펼침이라'고 할 수 있을 것이다. 인간을 정서적 동물이라고 일컫는 어법도 근래에는 상식이 되어버렸다.

문학의 효용성을 '감동'에 둔다면 그 감동은 정서적 제2의 파장일 것이다. '정서'라는 단어를 경건한 용어라 이르는 이유는 그 정서에 의탁하여 감동을 일으키고 그 감동은 예술의 궁극적 목표가 되어버리기 때문이다.

문학은 철학도 아니고 과학적 인지를 돕는 논리도 아니며 더구나 종교는 더욱 아니다. 태생적으로 문학 교육의 생명은 정서의 심화 또는 승화이다. 정서도 창조된다고 한다. 가령 슬픔의 정도도 수천수만의 형상을 띠는 변별성을 지닌다고 한다. 그 심층적 정서를 시가 형용하는 것이니 시의 사명 또한 위대한 것이다.

김병학 시인은 무수한 색감의 물줄기를 끌어다 크고 원대한 호수를 만든 시인이다. 단순한 유년기의 경험이 늘 그막에 엄청난 크기의 정서의 도가니로 치환시키는 재주가 출중하다. 김시인이 가꾸어내는 정서들은 무한하다. 젊은 시절 고급 공무원으로서 운영하던 삶의 방식은 정치한 셈법의 합리성이다. 적확한 이성적 논리에 입각하였을 터이나, 이제 인생의 황혼기에 다다라서는 그대로 곱고 아름다운 노을만을 빚고 있는 것이다. 이글거리던 태양이 서산 기슭에서 늙을 녘엔 하늘 한 모퉁이가 얼마나 아름답게 노을로 익던가? 노을을 물들이는 물감은 경이로운 신비한 색깔이다. 김시인은 신비한 색깔의 정서를 빚어내고 있다. 빚는다 하기보다는 우러난다고 보아야할 것이다. 그러니까 시적 정서가 김시인이 이끌고 온 세월 곳곳에 충일했다고 볼 수 있을 것이다.

김시인이 운용하는 정서들을 표상하고 있는 대로 일거하면 그리움, 서글픔, 애련 애상, 향수 등 무한 갈래를 친다. 어릴 적 친구나 부모님에 대한 회억, 이웃마을 소녀, 또는 시골 자연 경관 등 그 대상은 우리 한국인이라면 교집합으로 연계되는 소재이다. 그러나 그 소재들은 김시인의 특별하게 각색된 정서를 옷 입고 시적 품위의 정서로 떠오른다. 문학적 기교나 시적 테크닉에 입각하여 조명할 필요는 없을 것이다. 문학의 길에 늦게 들어선 시인으로서, 더구나 문학적 수업을 가치지 않는 입장에서 이렇게 아름다운 시적 풍모를 형상해 냈다는 점에서 높이 칭송할 만하다.

전설을 등에 업고
태어난 꽃

엄니 묘소 언저리에 홀로 피었네

엄니 넋이 환생하시었는지
생전모습 그대로
낙타 등 하시고 고개를 기우뚱하였네
한 가닥 기력까지 다하여
8남매 키우시고
한 방울 피까지 털어서
사랑하시다가
결국, 모든 것 놓으시고
홀로 은하수 건너시었지요

그래도
살아생전에 사랑을 못다 하셨는지
자주색 짙은 핏빛 꽃으로
다시 태어나시었네.

—「할미꽃」 전문

어머니는 할미꽃이며 할미꽃은 전설이라고 등가 시킨다. 할미꽃의 모양이 할미의 이미지를 그대로 띠고 있으므로 명명되었으리라. 늙을 상징하는 흰 빛 여백을 두르고, 안으로 곱게 품은 붉은 의표는 저 새각시 시절의 청춘을 영상한다. 허리 굽어 이슥한 산자락에 소슬거리는 꽃…. 어딘가 모르게 한 서리고, 어쩐지 쓸쓸하고 외로우며, 현시적 중심에서 벗어난 외지에서, 존재와 무의 그 경

계쯤에 왈칵 늙은 어머니 정리로 부각하는 영상으로 그림이 되었다,

생과 사의 사이에 놓인 언덕을 걷어내고 어머니 생전의 형상에 다가간다.

어머니의 자애로움과 희생과 모성애 등등이 할미꽃이란 현현顯現의 자태로 현실에 등장시키는 시적 구상이 절묘하다.

전설은 개념어인데, 할미꽃으로 형상되는 시적 테크닉이 절묘하다. 대조적 대칭적 이미지 설치와 시적 형상성으로 이 시를 높이 평가하게 한다.

너덜겅을 지나
갓바위에 올라서니
들녘은 산을 감고 돌아
끝이 없고
하늘은 지척이네

천원천 굽이쳐
들로 들로 흐르고
옹기종기 마을은
평화롭다

방장산 등마루에 핀 꽃구름
두둥실 떠오고

신령님 구름에서 내려와
맞이할 것만 같구나

무너진 성터에선
옛 백제의 숨결이 들리는 듯하고
장수의 핏발 친 호령 소리가
골짜기를 흔드는 것 같다

갓바위
이제 알겠노라
천년 세월 비바람 맞으며
이 자리를 지켜온
널.

—「갓바위」 전문

예술은 자연과 인간의 모사라는 말은 옛날 그리스 철인들이 먼저 해온 말이다. '자연과 인간의 융합'이 오히려 미래지향적 가치관으로 바람직하다 할 수 있을 것이다. 인류의 문화 문명이 아무리 고도화로 발달할지라도 결국 자연으로 귀의하는 것이 인간의 운명일 터이다. 자연에서 나와 자연으로 돌아가는 명제는 19세기 이후에도 변함없는 철리哲理였다.

이 시에서 김시인은 자연 숭경의 자연관으로 점철한다.

자연에 대한 신비주의도 내비친다. 자연을 바라보는 작

가의 사념은 매우 도교적이다. 무위자연無爲自然으로 '스스로 그러한 대로'를 함유한다.

특히 이 시에서 간과해서는 안 될 것은 서사성敍事性이다.

옛날 역사의 유적이 자연과 한 몸으로 옛 선인들의 정한이 그대로 녹아 있어 후인들의 감회가 애잔하다.

노령 재 고갯길이
험한 산세 헤집고 굽이굽이 누워있는
방장산 자락 끝

고요가 적막을 엮어 집을 짓고 사는
괴괴한 터
가끔 산새가 다녀가고
바람도 지날 때 숙연해지는 공원

오늘은 추석날
곱게 단장하고
모처럼 고즈넉한 품 활짝 여니
구름 하늘도 따라서 가슴 열어 파란 호수
끈끈한 피붙이 성묘객들
구름같이 몰려와 밀물과 썰물이라

얼마나 오늘을 기다렸던가

영혼과 중생의 상봉
저마다 사연 있어 흘린 눈물이
샛강으로 흐르고 흘러
입암호 되었는가!

—「정읍시립입암공원묘지」 전문

즐거운 명절에 공원 묘지에 몰려드는 성묘객의 심상心傷을 헤아린다. 공원묘지를 바라보는 시인에게 슬픔의 정서는 절제된다. 죽음도 생의 연속이라는 동양적 사유가 깊이 내포되어 있다. '영혼과 중생의 상봉'이 생사生死를 밀접하게 연계시킨다.

"고요가 적막을 읽어 집을 짓고 사는
괴괴한 터
가끔 산새가 다녀가고
바람도 지날 때 숙연해지는 공원"

제2연은 시적 구조가 빼어나다. 개념어, 추상어를 끌어다 형상화 시킨 대목이라든지, 고요함 ↔ 산새소리의 대칭으로 설계하는 '적막함'의 묘사라든지, 의인화하여 감정이입感情移入으로 기교를 부리는 시적 구조가 매우 잘 되어 있다. '사람의 눈물이 고여 호수가 된' 표현도 기발한 발상이다.

정유재란 시 정삼품 별장 유진은

허물어진 성곽을 쌓고 왜적과 싸우다 순절
끝내 성을 못 잊어
유진의 비는 성 한가운데 별 잘 드는 골짜기에
잠들고
넋은 기다란 성 따라 기암 단애의
메아리 되었네
무너진 성에 귀를 열고
끈질긴 들풀 같은 겨레의 숨소리를
들어보자.

―「입암산성」의 일부

이 시는 「입암산성」의 뒷부분이다. 산성의 내력을 읊어 옛 선인의 애국 충절 추모한다. 옛성은 유적으로 남아서 후인들에게 서사를 풀어낸다. 옛 장군의 충절과 후인의 추년의 정이 가시可視의 형상으로 교감한다.

〈넋의 메아리〉 ↔ 〈귀를 열고 듣는 겨레의 숨소리〉의 도식으로 성城의 상징적 의미가 살아난다. 서사시의 유형이다.

하늘이 처음 열리는 날
하느님은 심장을 좁쌀만큼 떼어서
굽이굽이 뻗어가는 노령산맥을 빚고
당신의 전지전능을 젓가락으로 찍어서

지맥地脈에 불어 넣으니
정기의 기운이
산맥을 따라 흘렀다 하느니라

후세에
이승에서 첫사랑을 맺지 못한 혼령이
저승길 굽이굽이 달려서
다시 이승으로 돌아와
남자는 갓을 쓴 채 여자는 낭자머리를 빗은 채
태산으로 환생하여 연을 맺으니
각각 입암笠岩산과 방장산이라 부르게 되었고
부부 산이라고도 하였다 하니라

부부 산은
전생의 업보를 다스리고자
선을 행하기 위하여 양팔을 번쩍 들어 벌려서
입암 산천을 안아 품으니
액운과 재앙이 멀리 물러가고
마을마다 화평과 안녕이
옥광목 같은 순수로 넘쳤다 하느니라

새들 노래하고 바람이 드니
맑고 푸른 하늘에 돛단 구름 떠오고
골짜기마다 샘물이 솟아 산천이 푸르니
오곡백과가 풍성하였다 하니라

입암 백성이여!
정기를 듬뿍 품은 채 장승처럼 우뚝 서 있는
부부 산은
주저리주저리 열린 전설을 지키며
평안하고 아늑한 세상 일궈
입암 땅과 한 몸으로 긴긴 세월 누릴지라.

―「갓빠산의 전설」 전문

이 시는 장엄 웅혼하다. 주약의 천지창조를 방불케 한다. 모든 나라는 나름의 건국신화를 가지고 있다. 우리나라도 환인, 환웅, 단군으로 이어지는 신화가 있다. 신화는 전설과는 다르다. 문자 그대로 '신의 이야기'이다. 불가지론적인 또는 불가해한 민족 최초의 시발점은 신화로 설정할 수 밖에 없었으니라. 전설을 신화가 인간 세상으로 내려와 인간적인 스토리가 가미된 그러나 신비한 영역을 포함한다.

이 시는 그런 구조로 엮은 신화의 형태를 취하나 구약이나 신화와는 다르게 신화에 전설을 복합한 픽션이니 너무나 흥미롭다. 더욱 재미있는 스토리로서 이승과 저승이 넘나들며 현세에 현현顯現하는 이야기 구상은 절묘하다. 자연과 신과 인간이 등가적 융합을 거치는 작가의 정신세계는 광활하다.

자운영꽃을 보면 문득
엄니모습이 스쳐갑니다

어렸을 적
춘궁기가 여름 땡볕 가뭄처럼 애태우며
길기만 한데
엄니 어깨에는 식구들의 많은 입이
돌처럼 무겁게 걸려있었습니다
부모 모시며 우리 팔 남매를 조롱박처럼
주렁주렁 달고
보릿고개 넘으실 때
자운영 나물무침으로
식구들의 허기진 배를 달래어 주시었지요

—「자운영」의 일부

근현대를 거치는 세대들에게 공유되는 정서는 가난에 얽힌 애환, 은근과 끈기로 환란을 이겨내는 우리 민족의 저력, 그리고 우리네 가정을 자기 헌신과 봉사로 굳건히 지켜낸 어머니의 모성 등이 주류를 이룰 터이다. 우리 민족의 선대 어머니들은 참으로 어기차고 위대한 정신 문화의 모태 그 중심이었다. '어머니'란 말만 들어도 눈물이 난다는 한 소설가가 있었다. 어머니 하면 벌써 눈물샘을 자극했었으니 그게 우리네 공통 심사일 것이다.

이 시에서는 자운영으로 연상되는 어머니 모성을 서사

체로 엮었다. 지독한 가난을 이겨내던 어머니가 자운영꽃으로 형상화 된다.

초봄 넓은 들녘에 불지피던 자줏빛 자운영꽃밭을 지나가노라면 곱고 아름다운 한국적 서경이 우리들 시야를 황홀케 하지만 곰곰이 새기노라면 궁핍의 대명사처럼 떠오르는 영상으로서의 자운영이 상기된다. 저 역설적 표현으로 유명한 김영랑의 '찬란한 슬픔'이 자운영꽃에 오버랩되고 만다.

그러므로 자운영꽃은 서경성과 서사성과 서정성이 등가적으로 융합한다. 시의 소재로 탁월하다.

산마을 장 봇짐 나르던 통일호가
노령고개 넘을 때
헐떡이며 올라와서 한숨 돌리고 가던 곳

언제부터인가
달구지같이 정겨운 완행열차는 보이지 않고
낯선 고속열차만 쉬어갈 줄 모르고
굉음을 내며 무섭게 내달린다

천년의 갓빠산이
병풍처럼 서서 한결같이 지켜보고 있는데
차표 개찰구는 굳게 닫힌 채
시퍼렇게 녹슨 자물통이 이를 악물고 있고

텅 빈 플랫폼에는
말 없는 가을 햇살만 분주히 부서지는가
모두 침묵하고 있는데
그래도 옥상에 '노령역' 이름표만은
초롱초롱 눈을 뜨고
이곳이
기차 정거장이었음을 말하고 있네

사람들이 다 떠나버린 뒤에
속을 비워버린 역사驛舍는
홀로 서서
통일호 완행열차처럼 머물다 가는 뭉게구름을
묵묵히 바라보고만 있구나!

—「간이 노령역」 전문

지난날의 시사적 예화 하나, 옛날 중국 등소평이 일본을 방문했을 때 일본 수상이 등소평에게 자랑하여 '자기부상열차'의 빠르기를 신나게 설명하니, 이를 다 듣고서 등소평 왈, '그렇게 빨리 일본 열도를 달려서 무엇하나'라고 반문했다고 전해진다. 빠름의 속도는 아름다운 다른 이면을 품지 못한다는 역설이기도 하다.

이미 폐사로서 기능이 정지되어버린 간이역에 대한 추억의 일단을 읊고 있다. 서민들 애환이 그대로 엮이고 있는 과거가 현재에 클로즈업되고 있다. 문명의 발달이 고도의 편리를 달성해 주어도 아름다운 정서상의 문제와는 거리가 멀다는 사실이 이 시의 이미지로 부락한다.

문화문명이 고도로 발달한 나라일수록 풍부한 유물유적을 잘 관리하고 자랑스럽게 보유한다. 유안진의 시 「안동」에서 '어제가 오늘을 빛내는'이란 어주가 있다. 옛스러움이 많이 보유되고 있는 고장의 사람들은 풍부한 영역의 정서를 누림과 다르지 않다. 가령 시인들이 하는 말로서 '농촌을 고향으로 가지고 있는 시인은 행복하다'는 말이 여기에 부함 된다.

폐사가 되어버린 낡은 노령역을 보며 늘그막에 이르는 작가의 인생역을 상기하며 인생무상, 허무 등의 데카당스한 정서를 떠올린다. 간이역과 인생여정을 연계시킨 수법이 절묘하다.

> 나 어릴 적 아부지는
> 한 오 리쯤 떨어진 하부마을 잔등 너머 다랑이논
> 하늘만 쳐다보는 천수답을 지셨다
>
> 뙤약볕 봄 가뭄이 보릿고개처럼 길고 길면
> 모심는 시기 놓쳐버리고
> 얼었던 땅이 녹아 풀리기 시작하여
> 봄갈이해놓은 논바닥 흙덩이는
> 쇳소리 나는 돌덩이 되었다
> 하늘을 바라보다 바라보다 가슴은

까만 숯덩이 되시었고
하지를 지나 소서 접어들었을 때는
두럭은 독새기풀이 터줏대감행세
고랑은 쩍쩍 갈라진 거북 등
새까맣게 탄 가슴으로
석공이 정과 망치로 돌을 다루듯
괭이로 쇳덩이 흙을 잘게 부수어서
서둘러 대신 메밀 씨앗을 뿌리시었다

농사를 다 짓고 난 아부지 모습은
얼굴은 구릿빛 손발은 참나무 껍질 되시었지
그때 왜 어째서
산같이 깊은 당신의 맘을 몰랐을까!

메마른 땅에서도
하얗게 꽃피우는 메밀처럼
하얗게 하얗게만 살다가 가신 당신을
해름 노을에 젖어서야 비로소
메밀꽃 보고 사람 되어
이제나마 나직이 목메어 불러 봅니다
아부지.

―「메밀꽃이 피면」 전문

작가의 시로서 '어머니'는 많이 등장했어도 아버지의 시는 드물다. 모든 시인들도 이와 유사하다. 이 시는 가난한 가계를 이끌어가는 눈물겨운 아버지의 이야기이다. 논픽션에 가까운 사실에 기초하므로 매우 현실감이 짙다.

가난과 가뭄은 마치 동의어처럼 함께 동반한다. 가물어 모내기시기를 놓치면 할 수 없이 매마른 땅을 뒤집어 매밀갈이를 서두르는 수순이 지난 시대의 공유되는 농법이었다. 매밀의 소득이 아무리 높아도 나락 농사보다 턱없이 부족했었으나 그래도 전답을 놀릴 수 없어 매밀 농사를 지었던 것이다.

'생의 고단함에 증발해버린 아버지의 생기, 그것은 허옇게 들녘에 물들던 매밀꽃'의 모습이었다고 시인은 회상한다. 그리고 한없이 무너져내리던 아버지의 기력과 노쇠해가진 허약한 아버지 모습을 이제야 처절히 느껴워하는 것이다.

우리 고향은
퇴갱이하고 발맞추며 산다는
갓빠산 자락 끝
정읍 입암면 천원마을

3 · 8선이 무너져 내린 후
밀물과 썰물이 들랑날랑 난리를 치며
야금야금 마을을 삼켜버렸다

읍내에서 쏴-악 밀물이 들이닥치면

지서 게양대에 태극기가 걸리고
이웃집 아저씨가 빨갱이로 물귀신 되어버렸다
또 쏴-악 썰물같이 빠져나가면
지서 게양대에 인공기가 걸리고
이웃집 아저씨가 반동분자로 물귀신이 되었다

쏴-악 쏴-악
밀물과 썰물이 왔다 갈 때마다
몇 사람씩 물귀신이 되고 집들이 불에 타
큰 동네가 잿더미로 주저앉았다

까만 재를 헤집고
한 집 두 집 들풀처럼 돋았나
다시 일어선 동네
피비린내 나는 상처를 과거 속에 묻어놓고
지금은 뻐꾹새 우는 평온한 시골

가끔은
옛 밀물과 썰물이 꿈속을
소리 없이 헤맨다.

—「6 · 25전쟁 때」 전문

김시인의 세대에게 6 · 25 전란은 충격적 체험이 아닐 수 없다. 시인의 눈으로 보는, 남북 세력의 밀당은 참혹한 현실이었지만, 시속에서는 3인칭 객관적 시점을 잃지 않는다. 마치 윤흥길 소설 「장마」에서 ,보여주듯이 우리 민족 스스로 일으킨 병란이 아니라 외세들의 작용으로 마치 바닷물이 밀물썰물처럼 왔다가는 형상으로 대입시킨다. 태극기와 인공기가 밤낮으로 교차 게양되는 현실 앞에 우리 국민들의 무한 공포와 두려움에 떨었던 것이다. 무참히 살상된 일을 물귀신이 되었다고 표현한다. 거대한 운명 앞에 힘없이 휩쓸리던 우리네 참상, 그 목불인견을 담담히 이야기로 풀어낸다. 헤겔의 변증법으로 정반합 논리가 궁벽한 시골 마을에서도 적용되고 있었으니 역사적 아이러니가 아닐 수 없다. 6 · 25 변란은 그 참암함이 혹독하여 우리 '민족에게는 영원히 삭지 않는 집단 무의식으로 잔존한다.' 서사시의 전범이다.

김병학 시인의 시는 순수 서정시의 맥락이다. 읊어 내는 정서가 한국 고유의 그것이다. 인생 전 과정을 아름답게 그림 그리고, 화룡 점정처럼 잘 정리된 결과물로서 이 시집은 높은 품격을 갖춘다.

시집 출간을 진심으로 경하 드린다.

김병학 시집
갓바위 2

인쇄 2020년 4월 29일
발행 2020년 5월 1일

지은이 김병학
발행인 서정환
펴낸곳 신아출판사
주소 전북 전주시 완산구 공북 1길 16(태평동 151-30)
전화 (063) 275-4000 · 0484 · 6374
팩스 (063) 274-3131
이메일 shina2347@naver.com sina321@hanmail.net
출판등록 제465-1984-000004호
인쇄 · 제본 신아출판사

ISBN 979-11-5605-775-8 03810

값 10,000원

이 도서의 국립중앙도서관 출판예정도서목록(CIP)은 서지정보유통지원시스템 홈페이지(http://seoji.nl.go.kr)와 국가자료공동목록시스템(http://www.nl.go.kr/kolisnet)에서 이용하실 수 있습니다.(CIP제어번호: CIP2020017739)

Printed in KOREA